Chuang-Tzu

1ª edición: mayo de 1998
5ª edición: octubre de 2017

Todos los derechos reservados.
Cualquier forma de reproducción, distribución,
comunicación pública o transformación de esta obra
solo puede ser realizada con la autorización de sus titulares,
salvo excepción prevista por la ley. Diríjase a CEDRO
(Centro Español de Derechos Reprográficos,
www.cedro.org) si necesita fotocopiar o escanear
algún fragmento de esta obra.

Diseño gráfico: Gloria Gauger
© Octavio Paz, 1997
© Ediciones Siruela, S. A., 1997, 2017
c/ Almagro 25, ppal. dcha.
28010 Madrid. Tel.: + 34 91 355 57 20
Fax: + 34 91 355 22 01
www.siruela.com
ISBN: 978-84-7844-365-9
Depósito legal: M-32.004-1997
Impreso en Anzos
Printed and made in Spain

Papel 100% procedente de bosques gestionados
de acuerdo con criterios de sostenibilidad

Octavio Paz

Chuang-Tzu

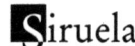

Biblioteca de Ensayo 6 (serie menor)

Índice

Chuang-Tzu   11

    Chuang-Tzu, un contraveneno   15

El dialéctico

    Utilidad de la inutilidad   25

    Sobre el lenguaje   26

    Volver al punto de partida   28

    Retrato del dialéctico   28

El moralista

Virtud y benevolencia	31
Tradición y moral	33
Las leyes y los hombres	34
Los cerrojos y los ladrones	38
La tortuga sagrada	40

El sabio

Viajes	43
Formas de vida	44
El ritmo vital	47
El valor de la vida	48
En su lecho de muerte	49

Ballestería	49
Conversación con un cráneo	51
Causalidad	53
Sueño y realidad	53
Trazos	55

Hsi-Kang

Chang-Yong	61
El ermitaño y el sabio Hiu Yeou	62

Lieu-Ling

Elogio del vino	65

Han-Yu

El dragón y la nube 67

Exhortación a los cocodrilos 68

Misión de la literatura 72

Liu Tsung Yüan

El ciervo 75

Prólogo a ocho poemas 76

Chuang-Tzu

En 1957 hice algunas traducciones de breves textos de clásicos chinos. El formidable obstáculo de la lengua no me detuvo y, sin respeto por la filología, traduje del inglés y del francés. Me pareció que esos textos debían traducirse al español no sólo por su belleza –construcciones a un tiempo geométricas y aéreas, fantasías templadas siempre por una sonrisa irónica– sino también porque cada uno de ellos destila, por decirlo así, sabiduría. Me movió un impulso muy natural aunque, en México, mal pagado: compartir el placer que había experimentado al leerlos. Los publiqué, ese mismo año, en «México en la cultura», el suplemento literario de *Novedades* que dirigía Fernando Benítez. Más tarde reuní esos apólogos y cortos ensayos –algunos muy cerca de lo que llamamos «poema en prosa»– en *Versiones y diversiones* (1974), bajo un título adrede ambiguo: *Trazos*. Excluí únicamente los fragmentos de Chuang-Tzu. Ahora los recojo. Creo que Chuang-Tzu no sólo es un filósofo notable sino un gran poeta. Es el maestro de la paradoja y del humor, puentes colgantes entre el concepto y la iluminación sin palabras.

México, abril de 1996

Chuang-Tzu, un contraveneno

Poco o nada se sabe de Chuang-Tzu, salvo las anécdotas, discursos y ensayos que aparecen en su libro (que ostenta también el nombre de su autor). Chuang-Tzu vivió a mediados del siglo IV antes de Cristo, en una época de intensa actividad intelectual y de gran inestabilidad política. Como en el caso de las repúblicas italianas del Renacimiento o de las ciudades griegas de la época clásica, las querellas que dividían a los príncipes y a los pequeños Estados corrían parejas con la fecundidad de los espíritus y con la originalidad y valentía de la especulación. A grandes males, grandes remedios. Un poco más tarde los Ch'in (221-206 a. C.) unificaron al país y fundaron el primer Imperio histórico. Desde entonces, hasta la caída de la última dinastía en nuestro siglo, China vivió de las ideas inventadas en el periodo de los Reinos Combatientes. Durante dos milenios no hizo más que perfeccionarlas, podarlas, extenderlas o adaptarlas a las condiciones y circunstancias históricas. La filosofía, o mejor: la moral –y mejor aún: la política– de Confucio (Kung-Fu-Tzu) y sus grandes sucesores (Mo-Tzu o Mencio) fueron el fundamento de la vida social; sus principios regían lo mismo la vida de la ciudad que la de la familia. Pero la ortodoxia confuciana no dejó de tener rivales; los más poderosos fueron el taoísmo y, más tarde, el budismo. Ambas tendencias predican la pasividad, la indiferencia frente al mundo, el olvido de los deberes sociales y familiares, la búsqueda de un estado de perfecta beatitud, la disolución del yo en una realidad indecible. A diferencia del budismo –corriente de fuera– el taoísmo no niega al yo ni a la persona; al contrario, los afirma ante el Estado, la familia y la sociedad. El taoísmo es un *disolvente*. No es extraño que los confucionistas lo viesen como una tendencia antisocial, enemiga de la sociedad y del Estado. En el taoísmo hay una persistente tonalidad anarquista.

Los padres del taoísmo (Lao-Tzu y Chuang-Tzu) recuerdan a veces a los filósofos presocráticos; otras, a los cínicos, a los estoicos y a los escépticos. También, ya en la edad moderna, a Thoreau. Lejos de perderse en las especulaciones metafísicas del budismo, los taoístas no olvidan nunca al hombre concreto que, para ellos, es el *hombre natural*. Sus emblemas son el pedazo de madera sin tallar y el agua, que adquiere siempre la forma de la roca o del suelo que la contiene. El hombre natural es dúctil y blando como el agua; como ella, es transparente. Se le puede ver el fondo y en ese fondo todos pueden verse. El sabio es el rostro de todos los hombres.

He dividido a mi brevísima selección en tres secciones. La primera se refiere a la lógica y a la dialéctica. La crítica de Chuang-Tzu a las especulaciones intelectuales de los lógicos aparece en una serie de apólogos y cuentos en los que el humor se alía al raciocinio. Muchos entre ellos asumen la forma de un diálogo entre Hui-Tzu, el intelectual, y Chuang-Tzu (o su maestro: Lao-Tzu). Ante las sutilezas del dialéctico el sabio verdadero recurre, sonriente, al conocido método de *reductio ad absurdum*. En nuestra época erizada de filosofías y razonamientos cortantes y tajantes (preludio necesario de las atroces operaciones de cirugía social que hoy ejecutan los políticos, discípulos de los filósofos), nada más saludable que divulgar unos cuantos de estos diálogos llenos de buen sentido y sabiduría. Estas anécdotas nos enseñan a desconfiar de las quimeras de la razón y, sobre todo, a tener piedad de los hombres.

La segunda sección está compuesta por fragmentos acerca de la moral. Con mayor encono aún que a los dialécticos y a los filósofos, Chuang-Tzu ataca a los moralistas. El arquetipo del moralista es Confucio. Su moral es la del equilibrio social; su fundamento es la autoridad de los seis libros clásicos, depositarios del saber de una mítica edad de oro en la que reinaban la virtud y la piedad filial. La virtud (*jen*) era concebida como un compuesto de benevolencia, rectitud y justicia, encarnación del culto al Emperador y a los antepasados. La acción del sabio, esencialmente política, consistía en preservar la herencia del pasado y, así, mantener el equilibrio social. Éste, a su vez, no era sino el reflejo del orden cósmico. Cosmología política. Nosotros, en lengua española, tenemos una palabra que quizá dé cierta idea del término chino: *hidalguía*. La hidalguía está fundada en la lealtad a ciertos principios tradicionales: fidelidad al señor, dignidad personal (el hidalgo es el rey de su casa) y la honra. Todo esto hace de la hidalguía una virtud social. Pero el hidalgo es un caballero; venera al pasado pero no ve en él un principio cósmico ni un orden fundado en el movimiento de la naturaleza. El discípulo de Confucio es un mandarín: un letrado, un funcionario y un padre de familia.

El carácter utilitario y conservador de la filosofía de Confucio, su respeto supersticioso por los libros clásicos, su culto a la ley y, sobre todo, su moral hecha de premios y castigos, eran tendencias que no podían sino inspirar repugnancia a un filósofo-poeta como Chuang-Tzu. Su crítica a la moral fue también una crítica al Estado y a lo que comúnmente se llama bien y mal. Cuando los virtuosos —es decir: los filósofos, los que creen que saben lo que es bueno y lo que es malo— toman el poder, instauran la tiranía más insoportable: la de los justos. El reino de los filósofos, nos dice Chuang-Tzu, se transforma fatalmente en despotismo y terror. En nombre de la virtud se castiga; esos castigos son cada vez más crueles y abarcan a mayor número de personas, porque la naturaleza humana —rebelde a todo sistema— no puede nunca conformarse a la rigidez geométrica de los conceptos. Frente a esta sociedad de justos y criminales, de leyes y castigos, Chuang-Tzu postula una comunidad de ermitaños y de gente sencilla. La sociedad ideal de Chuang-Tzu es una sociedad de sabios rústicos. En ella no hay gobierno ni tribunales ni técnica; nadie ha leído un libro; nadie quiere ganar más de lo necesario; nadie teme a la muerte porque nadie le pide nada a la vida. La ley del cielo, la ley natural, rige a los hombres como rige a la ronda de las estaciones. Así, el arquetipo de los taoístas es el mismo de los confucianos: el orden cósmico, la naturaleza y sus cambios recurrentes. Sin embargo, lo mismo en el dominio de la política y la moral que en el de las ideas, su oposición es irreductible. La sociedad de Confucio, imperfecta como todo lo humano, se realizó y se convirtió en el ideario y el patrón ideal de un Imperio que duró dos mil años. La sociedad de Lao-Tzu y de Chuang-Tzu es irrealizable pero la crítica que los dos hacen a la civilización merece nuestra simpatía. Nuestra época ama el poder, adora el éxito, la fama, la eficacia, la utilidad y sacrifica todo a esos ídolos. Es consolador saber que, hace dos mil años, alguien predicaba lo contrario: la oscuridad, la inseguridad y la ignorancia, es decir, la sabiduría y no el conocimiento.

En la tercera sección he procurado agrupar algunos textos sobre lo que podría llamarse el hombre perfecto. El sabio, el santo, es aquel que está en relación –en contacto, en el sentido directo del término– con los poderes naturales. El sabio obra milagros porque es un ser en estado natural y sólo la naturaleza es hacedora de milagros. Pero mejor será cederle la palabra a Chuang-Tzu.

El dialéctico

Utilidad de la inutilidad

Hui-Tzu dijo a Chuang-Tzu: «Tus enseñanzas no tienen ningún valor práctico». Chuang-Tzu respondió: «Sólo los que conocen el valor de lo inútil pueden hablar de lo que es útil. La tierra sobre la que marchamos es inmensa, pero esa inmensidad no tiene un valor práctico: lo único que necesitamos para caminar es el espacio que cubren nuestras plantas. Supongamos que alguien perfora el suelo que pisamos, hasta cavar un enorme abismo que llegase hasta la Fuente Amarilla[1]: ¿tendrían alguna utilidad los dos pedazos de suelo sobre los que se apoyan nuestros pies?». Hui-Tzu repuso: «En efec-

---

[1] El mundo de los muertos.

to, serían inútiles». El maestro concluyó: «Luego, es evidente la utilidad de la inutilidad».

Sobre el lenguaje

«Veamos lo que ocurre con las palabras», dijo Chuang-Tzu, parodiando a los lógicos y dialécticos. «No sé cuáles entre ellas están en relación directa con la realidad que pretenden nombrar y cuáles no lo están. Si algunas lo estuviesen y otras no, y ambas estuviesen en relación unas con otras, puede concluirse que las primeras serían indistinguibles de las últimas. A título de prueba, diré algunas de esas palabras: si hubo un principio, hubo un tiempo anterior al principio del principio; en consecuencia, hubo un tiempo anterior al tiempo anterior al principio del principio, que a su vez... Si hay ser, hay no ser; si hubo un tiempo antes de que el ser empezara a no ser, también hubo un tiempo antes del tiempo antes de que el no ser empezara a ser... Podría continuar de este modo, cuando ni siquiera sé con certeza si el ser es lo que es y el no ser lo que no es. ¿Y si el ser fuese lo que no es y lo que no es fuese lo que realmente es?... He hablado, pero no sé si lo que he dicho tiene algún significado o si carece por completo de sentido.

»Nada de lo que existe bajo el suelo es más grande que el hilo de una telaraña; nada más chico que el monte Tai; nadie vive más tiempo que un niño muerto en pañales, nadie vive menos años que Peng-Tse[2]. El cielo y la tierra nacieron cuando yo nací; las diez mil cosas que componen la realidad, y yo entre ellas, son una sola cosa. Todo esto lo han demostrado ya los dialécticos. Pero, si sólo existiese una sola cosa, no habría lenguaje con que decirlo, porque para que alguien afirme que todo lo que existe es una sola cosa es necesario un lenguaje para declararlo. Así, esa *única cosa* y las palabras que la declaran hacen dos cosas. Y las palabras que las declaran y mis palabras que las niegan, ha-

---

[2] El Matusalén chino.

cen ya tres cosas. De esta manera continuaríamos hasta llegar a un punto en el que un matemático –para no hablar de una persona común y corriente como yo– tendría dificultad en seguirnos.»

Volver al punto de partida

Cansados de buscar en vano, ¿no deberíamos moler nuestras sutilezas en el Mortero Celeste, olvidar nuestras disquisiciones sobre la eternidad y vivir en paz los días que nos quedan? ¿Y qué quiere decir moler nuestras sutilezas en el Mortero Divino? Aniquilar las diferencias entre ser y no ser, entre esto y aquello. Olvido, olvido... ser y no ser, esto y aquello, son partículas desprendidas del infinito y volverán a fundirse en el infinito.

Retrato del dialéctico

Hui-Tzu era sabio en muchas ciencias. Cuando

viajaba, sus libros llenaban cinco carros. Sus doctrinas eran contradictorias y tortuosas; no siempre claras las razones en que las fundaba. Así, dio a lo infinitamente grande, que no puede contener nada más allá de sí mismo, el nombre de Gran Unidad; a lo infinitamente pequeño, que no puede contener nada dentro de sí, el nombre de Pequeña Unidad.

Intentó probar que el cielo es más bajo que la tierra; que las montañas están debajo de las playas; que el sol se pone al mediodía; que lo que está vivo al mismo tiempo está muerto; que uno puede salir hoy hacia Yueh y llegar ayer... Su defensa de estas ideas lo convirtió en blanco de la curiosidad general; sus palabras causaban gran agitación en el bando de los retóricos, que se veían entre sí con delicia cuando asistían a sus exhibiciones. Día tras día su sagacidad desafiaba el rápido ingenio de sus oponentes; día tras día llevaba al cabo prodigios dialécticos que asombraban a los polemistas más notables... Pobre en fuerza interior, vertido sobre la superficie de las cosas, ¡su método en verdad era estrecho! Ignoró su verdadera naturaleza espiritual y sus poderes; malgastó y fatigó su talento en una cosa y luego en otra y otra, todas ellas extrañas a sí mismo, para al final sólo ser conocido como un hábil polemista. Dilapidó sus dones naturales, que eran muy grandes, en muchas empresas quiméricas y no obtuvo nada en cambio. Corrió de aquí para allá, sin jamás poner término a su búsqueda. Fue como aquel que quiso detener el eco con un grito; o como el cuerpo que quiere adelantarse a su sombra[3].

---

[3] A pesar de todo, Chuang-Tzu amaba a Hui-Tzu. En otro pasaje de su libro, al contemplar la tumba de su enemigo íntimo, exclamó: «Era el único hombre, en todo el Imperio, con el que podía conversar».

El moralista

Virtud y benevolencia

Cuando Confucio fue al oeste quiso obsequiar ejemplares de sus obras a la Casa Real de Chou. Un discípulo le aconsejó: «He oído que allí vive un viejo bibliotecario ya retirado, llamado Lao-Tzu[4]. Si tu propósito es lograr que esos libros sean aceptados en la Biblioteca, lo mejor será ir a verlo para obtener su recomendación». Confucio encontró buena la idea y al punto hizo una visita a Lao-Tzu. Éste recibió el proyecto con mucha frialdad. Semejante acogida no impidió a Confucio desenrollar sus libros. Lao-Tzu lo interrumpió: «Esto nos va a quitar

---

[4] Maestro de Chuang-Tzu, fundador del taoísmo y autor del *Libro del Tao* (Tao-te King).

mucho tiempo. Dime la substancia del asunto». A lo que respondió Confucio: «La substancia es virtud y benevolencia». «¿Podrías decirme», repuso Lao-Tzu, «si esas cualidades son innatas en el hombre?». «Claro que lo son», afirmó Confucio. «Recuerda el proverbio acerca del caballero: sin benevolencia no prospera; sin virtud no puede vivir. Ambas forman parte de la verdadera naturaleza humana.»

«¿Y qué quieres decir con virtud y benevolencia?», preguntó Lao-Tzu. «Un corazón recto; un afecto general e imparcial a todos los hombres por igual», contestó Confucio. «Hum, lo segundo suena un poco peligroso. Postular un afecto igual a todos los hombres es una exageración; decidir de antemano que se les va a amar con imparcialidad, es ya tomar partido, ser parcial. Si de verdad quieres que los hombres no pierdan sus cualidades innatas, lo mejor que podrías hacer es estudiar cómo el cielo y la tierra prosiguen su eterna carrera, cómo el sol y la luna preservan su luz y las estrellas sus filas compactas, cómo viven los pájaros y los animales, cómo árboles y arbustos cambian de estación en estación. Así aprenderás a conducir tus pasos según el ritmo secreto del poder interior y podrás caminar el camino que camina la naturaleza. Pronto llegarás a un estado en el cual no tendrás necesidad de ir de aquí para allá, predicando virtud y benevolencia como los pregoneros de pueblo que nos aturden golpeando sus tambores y preguntando si alguien ha visto al niño perdido. ¡Lo que tú haces con tu prédica es partir en dos la naturaleza humana!»

Tradición y moral

Confucio dijo a Lao-Tzu: «He publicado el Libro de los Cantos, el Libro de la Historia, el de los Ritos, el de la Música, el de los Cambios y la Crónica de Primavera y Otoño –en total: seis escrituras– y creo que he asimilado completamente su contenido. Armado con este saber, he conversado con setenta y dos gobernantes, a los que he explicado el

Método de los Reyes Antiguos; sin embargo, ni uno solo entre ellos ha hecho el menor uso de mis enseñanzas. ¿Debo concluir que mis oyentes han sido singularmente insensibles a la razón o que el Método de los Antiguos Reyes es muy difícil de entender?».

«Fue una verdadera fortuna», repuso Lao-Tzu, «que no te hayas encontrado con un príncipe deseoso de reformar al mundo. Esas seis escrituras son el borroso rostro de los reyes muertos. No nos dicen nada acerca de la fuerza que guiaba sus pasos. Todas tus enseñanzas son como las huellas de los zapatos en el polvo: son las hijas de los zapatos pero no son los zapatos».

Las leyes y los hombres

Tzu Kung, discípulo de Confucio, dijo a Lao-Tzu: «Dices que no debe haber gobierno. Pero, si no hay gobierno, ¿cómo se purificará el corazón de los hombres?». El maestro contestó: «Lo único que no debemos hacer es entrometernos con el corazón de los hombres. El hombre es como una fuente; si la tocas, se enturbia; si pretendes inmovilizarla, su chorro será más alto… Puede ser tan ardiente como el fuego más ardiente; tan frío, como el hielo mismo. Tan rápido que, en un cerrar de ojos, puede darle la vuelta al mundo; en reposo, es como el lecho de un estanque; activo, es poderoso como el cielo. Un caballo salvaje que nadie doma: eso es el hombre».

El primer entrometido fue el Emperador Amarillo[5], que enseñó la virtud y la benevolencia. Los sabios Yao y Shun lo siguieron; trabajaron hasta perder los pelos de las canillas y de las piernas; se rompieron el alma con incesantes actos de bondad y justicia; se exprimieron los sesos para redactar innumerables proclamas y leyes. Nada de esto mejoró a la gente. Yao tuvo que desterrar a Huan Tou al Monte Chung, arrojar a Sao Miao al desierto, expulsar a Kung Kung –actos que habrían sido inne-

---

[5] Héroe mítico.

cesarios de haber logrado sus buenos propósitos–. Desde entonces, las cosas han ido de mal en peor. El mundo soportó, al mismo tiempo, al tirano Chieh y al bandolero Chih; frente a ellos, en los mismos días, al virtuoso Tseng, discípulo de Confucio, y al incorruptible Shi Yu. Entonces surgieron las escuelas de Confucio y Mo-Tzu. De ahí en adelante, el satisfecho con su suerte desconfió del descontento y a la inversa; el inteligente menospreció al tonto y éste a aquél; los buenos castigaron a los malos y los malos se vengaron de los buenos; los charlatanes y los hombres honrados intercambiaron injurias y amenazas. La decadencia se hizo universal. Los poderes naturales del hombre se desviaron, sus facultades innatas se corrompieron. En todas partes se empezó a admirar el «conocimiento» y la gente del común se volvió lista y taimada. Nada permaneció en su estado natural. Todo tuvo que ser cortado y aserrado conforme a un modelo fijo, dividido justo en donde la línea de tinta lo señalaba, triturado a golpe de cincel y martillo, hasta que el mundo entero se convirtió en incontables fragmentos. Caos y confusión. ¡Y todo esto sucedió por inmiscuirnos en el alma de los hombres!

Aquellos que se dieron cuenta de la locura de estos métodos, huyeron a las montañas y se escondieron en cuevas inaccesibles; y los grandes señores se sentaron temblando en sus viejos palacios. Hoy, cuando los cuerpos de los ajusticiados se apilan uno sobre otro; cuando a los prisioneros, encorvados y en cadenas se les empuja en manadas; cuando los contrahechos y los mutilados tropiezan uno con otro, los seguidores de Confucio y los de Mo-Tzu no encuentran otro remedio que, a horcajadas sobre los aherrojados, levantar las mangas de sus camisas y darse de pescozones. Semejante impudicia es increíble. Casi podría afirmar que santidad y sabiduría han sido el cerrojo y la llave de los grillos que aprisionan al hombre; virtud y benevolencia, las cadenas y cepos que los inmovilizan. Sí, casi podría creerse que los virtuosos Tseng y Shi fueron las flechas silbantes que anunciaron la llegada del tirano Chieh y del bandido Chih.

Cuando Po-Chu visitó el país de Chi, vio el cuerpo de un malhechor descuartizado. Al punto se despojó de su manto de corte y cubrió los pobres miembros destrozados como si envolviese a un niño en pañales. Y mientras hacía esto, gritaba y se lamentaba: «No creas que tú solo sufres esta desgracia. No sólo te pasa a ti esta terrible desdicha. Nos pasa a todos, aunque a ti te ha herido antes. Tus jueces dicen: no robarás, no matarás; y esas mismas almas virtuosas, al premiar y elevar a unos cuantos, hunden al resto en la ignominia. La desigualdad que crea sus leyes engendra la ira y el rencor. Ellos, que amontonan riquezas, honores y méritos, siembran la semilla de la envidia. El corazón turbio por odio y envidia, el cuerpo cansado por un trabajo sin tregua, el espíritu henchido de irrealizables deseos, ¿cómo escandalizarnos de que todos terminen como tú?».

Los cerrojos y los ladrones

Para protegernos de los malhechores que abren las arcas, escudriñan los cajones y hacen saltar las cerraduras de los cofres, la gente acostumbra reforzar con toda clase de nudos y cerrojos los muebles que guardan sus bienes. El mundo aprueba estas precauciones, que le parecen muestra de cordura. Pero de pronto se presentan unos ladrones. Si lo son realmente, en un abrir y cerrar de ojos desatarán los nudos, abrirán los cerrojos y, si es necesario, cargarán con las cajas sirviéndose para ello de las cuerdas, candados y nudos de que están provistas. En verdad, los propietarios ahorran a los ladrones el trabajo de empacar los objetos.

No es exagerado afirmar que todo lo que llamamos «cordura» no es sino «empacar para los ladrones»; y lo que llamamos «virtud», acumular botines para los malhechores. ¿Por qué digo esto? A lo largo y a lo ancho del país de Chi (un territorio tan poblado que el mero cacareo de los gallos y el ladrido de los perros en un pueblo se oye en el de junto), entre pescadores, campesinos, cazadores y artesanos, en santuarios, cementerios, prefecturas y palacios, en ciudades, poblados, distritos, barrios, calles y casas particulares... en fin, en todo el reino, veneradas por todos sus habitantes, imperaban las leyes de los Reyes Antiguos. Sin embargo, en menos de veinticuatro horas Tien-Ch'eng Tzu asesinó al príncipe de Chi y se apoderó de su reino. Y no sólo de su reino, sino también de las leyes y artes de gobierno de los sabios de antaño, que habían inspirado a los soberanos legítimos de Chi. Es verdad que la historia llama a Tien-Ch'eng Tzu usurpador y asesino; pero mientras vivió fue respetado como el virtuoso Tseng y el benévolo Shun. Los pequeños reinos no se atrevieron a criticarlo, ni los grandes a castigarlo. Durante doce generaciones sus descendientes conservaron entre sus manos la tierra de Chi...

La tortuga sagrada

Chuang-Tzu paseaba por las orillas del río Pu. El rey de Chou envió a dos altos funcionarios con la misión de proponerle el cargo de Primer Ministro. La caña entre las manos y los ojos fijos en el sedal, Chuang-Tzu respondió: «Me han dicho que en Chou veneran una tortuga sagrada, que murió hace tres mil años. Los reyes conservan sus restos en el altar familiar, en una caja cubierta con un paño. Si el día que pescaron a la tortuga le hubiesen dado la posibilidad de elegir entre morir y ver sus huesos adorados por siglos o seguir viviendo con la cola enterrada en el lodo, ¿qué habría escogido?». Los funcionarios repusieron: «Vivir con la cola en el lodo». «Pues ésa es mi respuesta: prefiero que me dejen aquí, con la cola en el lodo, pero vivo.»

El sabio

Viajes

En su juventud Lao-Tzu amaba los viajes. El sabio Hu-Ch'eng Tzu le dijo: «¿Por qué te gusta tanto viajar?». «Para mí», dijo Lao-Tzu, «el placer del viaje reside en la contemplación de la variedad. Algunas gentes viajan y sólo ven lo que tienen delante de los ojos; cuando yo viajo, contemplo el incesante fenómeno del cambio». A lo que respondió el otro: «Me pregunto si tus viajes son de veras distintos a los de los otros. Siempre que vemos algo, contemplamos algo que está cambiando; y casi siempre, al ver eso que cambia, no nos damos cuenta de nuestros propios cambios. Los que se toman trabajos sin cuento para viajar, ni siquiera piensan que el arte de ver los cambios es también el arte de quedarse inmóvil. El viajero cuya mirada se dirige hacia su propio ser, puede encontrar en él mismo todo lo que busca. Ésta es la forma más perfecta del viaje; la otra es, en verdad, una manera muy limitada de cambiar y contemplar los cambios».

Convencido de que hasta entonces había ignorado el significado real del viaje, Lao-Tzu dejó de salir. Al cabo del tiempo Hu-Ch'eng Tzu lo visitó: «¡Ahora sí puedes convertirte en un verdadero viajero! El gran viajero no sabe adónde va; el que de verdad contempla, ignora lo que ve. Sus viajes no lo llevan a una parte de la creación y luego a otra; sus ojos no miran un objeto y después otro; todo lo ve junto. A esto es a lo que llamo contemplación».

Formas de vida

Tener ideas rígidas y una conducta rigurosa; vivir lejos del mundo y de manera distinta al común de los hombres; pronunciar virtuosos discursos, sarcásticos y llenos de reproches; no tener más designio que ser superior: tal es el deseo del ermitaño escondido en su cueva, la ambición del hombre que condena siempre a los otros y, en fin, de todos aquellos que tiritan en verano y se abanican en invierno.

Predicar virtud y benevolencia, lealtad y fidelidad, frugalidad y respeto; reconocer el mérito de los otros aun en perjuicio propio; no tener más fin que la perfección moral: tal es la ambición de los moralistas y filántropos, hombres de consejo e instrucción, pedagogos, viajeros instalados en la ciudad.

Hablar de hechos portentosos; alcanzar fama inmortal; enseñar al gobernante y a sus ministros los ritos que cada uno debe ejecutar; determinar las funciones y oficios de grandes y pequeños; no tener otro móvil que la cosa pública: tal es la ambición de los que frecuentan los tribunales y las cortes, el afán de esos que sólo desean engrandecer a sus amos, extender sus dominios y ver la vida como una serie de victorias y conquistas.

Instalarse en una floresta o al lado de un arroyo; pensar en un lugar escondido; vivir en el ocio;

tal es el deseo de los que vagan por ríos y lagos, fugitivos del mundo. Inspiran, espiran, respiran, expelen el aire viejo y llenan su ser con el nuevo, suspenden el aliento, lo dejan escapar con un rumor de alas: son los amantes de la larga vida, artesanos de la perfección física, los duchos en el arte de inhalar y exhalar, los aspirantes a la longevidad de Peng-Tse.

Pero hay otros: sus pensamientos son sublimes sin ser rígidos; nunca han aspirado a la virtud y son perfectos; no logran victorias para el Estado ni otorgan renombre a su patria y, no obstante, influyen secretamente en su pueblo; conquistan la quietud lejos de arroyos y lagos; viven muchos años y jamás practican el arte de respirar; se despojan de todo y no carecen de nada; pasivos, marchan sin objeto y sin deseo, pero todo lo que es deseable está al alcance de su mano. Tal es la ley del cielo y la tierra, tales los poderes del sabio. Quietud, pasividad, pobreza, la substancia del Método, el secreto de nuestros poderes. El sabio reposa; porque reposa, está en paz; su paz es serenidad. Al pacífico y sereno no lo asaltan ni dañan alegría o tristeza. Intacto, entero, unido a sí mismo y a su ser interior, es invencible.

El ritmo vital

Para el sabio, la vida no es sino un acuerdo con los movimientos del cielo; la muerte, una faceta de la ley universal del cambio. Si descansa, comparte los ocultos poderes de Yin; si trabaja, se mece en el oleaje de Yang[6]. No busca ganancias y es invulnerable a las pérdidas; responde sólo si le preguntan; se mueve, si lo empujan. Olvida el saber de los libros y los artificios de los filósofos y obedece al ritmo de la naturaleza. Su vida es una barca que conducen aguas indiferentes; su muerte, un reposo sin ori-

---

[6] Yin y Yang: las dos fuerzas o elementos, lo activo y lo pasivo, lo masculino y lo femenino, la luz y la sombra, el trabajo y el reposo, la danza y la quietud, los dos opuestos complementarios de que está hecho el Gran Todo.

llas… El agua es límpida si nada extraño a ella la obscurece; inmóvil, si nada la agita; si algo la obstruye, deja de fluir, se encrespa y pierde su transparencia. Como el agua es el hombre y sus poderes naturales.

El valor de la vida

Los Ch'in capturaron a una hija del gobernador de Ai. Los primeros días de cautiverio la muchacha empapó su vestido con lágrimas; más tarde, cuando la llevaron al palacio del príncipe y vivió en la riqueza, se arrepintió de su llanto. ¿Cómo saber si los muertos se arrepienten ahora de la codicia con que se aferraron a la vida?

Un hombre sueña que concurre a un banquete y se despierta para llorar y penar. Otro sueña un entierro y se levanta para asistir a un convite. Mientras soñamos, no sabemos que soñamos. Sólo hasta que despertamos sabemos que estábamos soñando. Mientras el Gran Despertador no nos despierta, no sabremos si esta vida es o no un largo sueño. Pero los tontos creen que ya han despertado...

En su lecho de muerte

Chuang-Tzu agonizaba. Sus discípulos le dijeron que deseaban honrarlo con un funeral decoroso. Él repuso: «El cielo y la tierra por féretro y tumba; el sol, la luna y las estrellas por ofrendas funerarias; y la creación entera acompañándome al sepulcro. No necesito más». Los discípulos insistieron: «Tememos que los buitres devoren tu cadáver». Chuang-Tzu respondió: «Sobre la tierra me comerán los buitres; bajo ella, los gusanos y las hormigas. ¿Quieres despojar a los primeros sólo para alimentar a los últimos?».

Ballestería

Lien Yu-Ku deseaba adiestrar a Po-Hun Wu-jen

en el arco. Colocó una copa de agua en su hombro, distendió la cuerda, e inmóvil como una estatua, empezó a disparar una tras otra las flechas, sin derramar una gota. Wu-jen exclamó: «Esto es tirar en circunstancias común y corrientes. Veremos si puedes disparar con la misma maestría en otras condiciones». Y lo llevó a la cumbre de una montaña. Frente a ellos se abría un precipicio de más de mil pies de profundidad. Caminando hacia atrás, hasta que sus talones casi no tocaban tierra, de espaldas al abismo, Wu-jen llamó a gritos a su maestro. Pero Yu-Ku –tendido en el suelo, agarrado a las piedras, cubierto el rostro de sudor– no pudo ni siquiera contestar[7].

---

[7] En su introducción al tratado de Averroes *La incoherencia de la incoherencia*, Simón van der Bergh cita un ejemplo parecido: un hombre camina con facilidad sobre una tabla si ésta se apoya en el suelo, pero vacila apenas se encuentra suspendida en

Conversación con un cráneo

Chuang-Tzu se dirigía a Ch'u cuando vio, a un lado del camino, un cráneo mondo pero al que no le faltaba un solo hueso. Lo tocó ligeramente con la fusta, se inclinó sobre él y le preguntó: «Señor, ¿alguna insaciable ambición lo llevó a transgredir la ley y lo condujo a ese estado? ¿O fue la caída de un reino la que precipitó el golpe de hacha del verdugo? ¿O cometió un acto ignominioso y no pudo responder a los reproches de su padre y su madre, su mujer y sus hijos? ¿O fueron el hambre y el frío? ¿O la carrera del tiempo con sus primaveras y sus otoños lo condujo a esa extremidad?».

Después, Chuang-Tzu recogió al cráneo, se acostó y lo usó como almohada. A medianoche el fantasma del cráneo apareció en su sueño diciéndole: «Todo lo que me dijiste –tu cháchara y tus lugares

un abismo. El ejemplo aparece primero en Avicena; más tarde lo citan Santo Tomás de Aquino, Robert Burton y Montaigne. También lo utilizó Pascal.

comunes– fue justo lo que podía esperarse de un hombre vivo. Mostraste a cada momento una mente maniatada por todas esas trabas de las que estamos libres nosotros. ¿Te gustaría oír dos o tres palabras acerca de los muertos?».

«Claro que sí», repuso Chuang-Tzu.

«Entre los muertos», dijo el cráneo, «nadie es rey y nadie es súbdito; no hay división entre las estaciones: para nosotros el mundo siempre es primavera y siempre es otoño. Ningún rey en su trono conoce una felicidad más perfecta que la nuestra».

Chuang-Tzu no podía creerle y le dijo: «Imagínate que yo puedo lograr que el Administrador de los Destinos rehaga tu esqueleto y cubra tus huesos con carne y con piel. Así podrías regresar a tu hogar con tu padre, tu madre, tu esposa, tus hijos y tus amigos: ¿Tendrías el valor de rehusarte?».

El cráneo frunció el entrecejo: «¿Cómo puedes creer que yo abandone esta felicidad más grande que la de un monarca sólo para regresar a los trabajos y penalidades del mundo de los vivos?».

Causalidad

La Penumbra le dijo a la Sombra: «A ratos te mueves, otros te quedas quieta. Una vez te acuestas, otra te levantas. ¿Por qué eres tan cambiante?». «Dependo», dijo la Sombra, «de algo que me lleva de aquí para allá. Y ese algo a su vez depende de otro algo que lo obliga a moverse o a quedarse inmóvil. Como los anillos de la serpiente, o las alas del pájaro, que no se arrastran ni vuelan por voluntad propia, así yo. ¿Cómo quieres que responda a tu pregunta?».

Sueño y realidad

Soñé que era una mariposa. Volaba en el jardín de rama en rama. Sólo tenía conciencia de mi existencia de mariposa y no la tenía de mi personalidad de hombre. Desperté. Y ahora no sé si soñaba que era una mariposa o si soy una mariposa que sueña que es Chuang-Tzu.

Trazos

Los chinos sobresalen en el ensayo breve. Objetividad, ironía, mesura, desdén por el detalle concreto, amor por la abstracción, preferencia por las formas estáticas y por la simetría de las frases: tales son, según los entendidos, las virtudes de la prosa clásica (época T'ang). No obstante, la literatura china –que no sólo es, entre las vivas, la más antigua del mundo, sino también una de las más ricas– ofrece ejemplos de vivacidad, dinamismo y poesía espontánea y pintoresca, en los que la geometría cede el sitio a la gracia y la ciencia de la retórica a la inspiración. En las traducciones que siguen se ofrecen muestras de ambas tendencias. Pero antes es indispensable decir algo sobre los cuatro autores.

El poeta Hsi-Kang vivió en el siglo III después de Cristo. Como Chuang-Tzu, fue un místico anarquista, crítico de la moral y la filosofía de Confucio. Sus ensayos –o más bien: apólogos– lo revelan como un adversario de las virtudes confucianas: piedad filial, fidelidad al trono, práctica constante de los ritos, erudición clásica, culto a los antepasados, preeminencia del hombre público sobre el hombre privado. La violencia de las críticas de Hsi-Kang le atrajeron persecuciones. Considerado como un enemigo del Estado y de la sociedad, fue decapitado. En el mismo siglo vivió Lieu-Ling, poeta en el que no es difícil advertir –aunque en forma más amable e irónica– las mismas tendencias místicas de Hsi-Kang. Lieu-Ling fue uno de los siete grandes poetas de su siglo (número convencional como el de los siete sabios griegos). A este título debe agregarse otro: fue miembro del grupo El bosquecillo de bambúes, compuesto por los mismos siete poetas y otros insignes bebedores. Su «Elogio del vino» requiere una pequeña aclaración. El alcoholismo moderno es una enfermedad, un vicio innoble o una maldición sobrenatural; y de ahí las quejas de Poe, Lowry y otros. Para los antiguos chinos

–como para los viejos mediterráneos– la embriaguez era un estado de dichoso acuerdo con el mundo, una momentánea reconciliación con el fluir de la vida. El borracho se balancea, por un instante mágico, en lo alto de la ola vital.

Han-Yu (siglos VIII y IX) es uno de los clásicos del periodo T'ang. Reformador del lenguaje y de las costumbres, se batió con la misma impasible severidad contra los abusos de los poderosos y contra los excesos de los literatos. Seguidor de Confucio, combatió las tendencias de taoístas y budistas. Denunció con particular saña al budismo, al que juzgaba una herejía extranjera. Su severidad no excluye, sin embargo, el humor y la ironía, según se ve en su «Exhortación a los cocodrilos» (publicada hace poco en la *Revista Mexicana de Literatura*). El pequeño ensayo «El dragón y la nube» es una muestra de su humor seco. Han-Yu creía que el escritor es, ante todo, un hombre público cuyo deber más alto es preservar la pureza del lenguaje y vigilar que los poderosos no se aparten del camino recto. Un hermoso ejemplo de estas ideas es su ensayo sobre la misión de la literatura. Liu Tsung Yüan es otro de los prosistas clásicos de la época T'ang. Fue amigo íntimo de Han-Yu. Más libre y desenfadado que su compañero, más poeta también, no oculta sus simpatías por el budismo, al que defendió en un ensayo famoso (escrito precisamente para rebatir las acusaciones de Han-Yu). Como su amigo, ocupó altos puestos en la administración; como él, y por las mismas razones: su valiente crítica a los poderosos, sufrió persecuciones y destierros. A su muerte (819) Han-Yu le dedicó una oración fúnebre, que aparece en todas las antologías chinas.

Hsi-Kang

Chang-Yong

Cuando el viejo Chang-Yong estaba a punto de morir, Lao-Tzu se acercó a su lecho: «¿No tienes nada que revelarme?». Abriendo la boca, el moribundo preguntó: «¿Todavía tengo lengua?». Lao-Tzu asintió. «¿Y mis dientes?» «Todos los has perdido.» Chang-Yong volvió a preguntar: «¿Te das cuenta de lo que esto significa?». «Quizá quieres decirme», repuso Lao-Tzu, «que los fuertes perecen y los débiles sobreviven». «Así es», dijo el maestro, «y con esto hemos agotado todo lo que hay que decir sobre el mundo y sus criaturas». Y murió.

El ermitaño y el sabio Hiu Yeou

En tiempos del emperador Yao había un viejecillo que, retirado del mundo, se había hecho un nido entre las ramas de un árbol y dormía entre sus hojas, como un pájaro. La gente lo llamaba «el ermitaño encaramado».

Hiu Yeou había sido el maestro de los emperadores Yao y Shun. El primero, fatigado de sus trabajos, lo llamó: «Maestro, si aceptas el trono, el Imperio y el universo entero vivirán en armonía». Hiu Yeou respondió: «La gloria es la sombra de la realidad. ¿A qué buscar la sombra cuando tengo el cuerpo?». Y huyó hacia los pantanos. Ahí encontró al «ermitaño encaramado». El otro lo invitó a subir. Una vez arriba, Hiu Yeou le contó lo ocurrido. El ermitaño le respondió: «¿Por qué no te escondiste desde el principio, por qué dejaste que el mundo se deslumbrase con tus méritos? El verdadero sabio es invisible. Tú ya no eres mi amigo». Y empujándolo con fuerza, lo arrojó del nido. Confuso y trastornado, Hiu Yeou vagó por las soledades, hasta que encontró un arroyo. Allí se detuvo, para lavarse los ojos y las orejas, mientras decía para sí: «Las palabras que dije ofuscaron a mi amigo». Después, se perdió para siempre sin que nadie haya vuelto a saber de él. El ermitaño, por su parte, pensó que las palabras de Hiu Yeou habían manchado sus orejas. Descendió del árbol y fue a lavarse al mismo arroyo. Pero el genio del riachuelo, irritado, se nubló y le dijo: «¿Por qué quieres ensuciar mis aguas?».

Lieu-Ling

Elogio del vino

Un amigo mío[8], hombre superior, considera que la eternidad es una mañana; y diez mil años, un simple parpadeo. El sol y la lluvia son las ventanas de su casa. Los ocho confines, sus avenidas. Marcha, ligero y sin destino, sin dejar huella: el cielo por techo, la tierra por jergón. Cuando se detiene, empuña una botella y una copa; cuando viaja, lleva al flanco una bota y una jarra. Su único pensamiento es el vino: nada más allá, o más acá, le preocupa.

Su manera de vivir llegó a oídos de dos respetables filántropos: uno, un joven noble, el otro, un letrado de fama. Fueron a verlo y con ojos furiosos y

---

[8] El mismo Lieu-Ling.

rechinar de dientes, agitando las mangas de sus trajes, le reprocharon vivamente su conducta. Le hablaron de los ritos y de las leyes, del método y del equilibrio; y sus palabras zumbaban como enjambre de abejas. Mientras tanto, su oyente llenó una jarra y la apuró de un trago. Después se sentó en el suelo cruzando las piernas, llenó de nuevo la jarra, apartó su barba, y empezó a beber a sorbos hasta que, la cabeza inclinada sobre el pecho, cayó en un estado de dichosa inconsciencia, interrumpido sólo por relámpagos de semilucidez. Sus oídos no habrían escuchado la voz del trueno; sus ojos no habrían reparado en una montaña. Cesaron frío y calor, alegría y tristeza. Abandonó sus pensamientos. Inclinado sobre el mundo, contemplaba el tumulto de los seres y de la naturaleza como algas flotando sobre un río. En cuanto a los dos hombres eminentes que hablaban a su lado, le parecieron avispas tratando de convertir a un gusano de seda[9].

[9] Alusión a la creencia de que el gusano de seda puede convertirse en avispa.

Han-Yu

El dragón y la nube

El vapor que exhala el dragón se convierte en nube. Es evidente que ni la nube ni el dragón poseen virtud sobrenatural alguna. No obstante, el dragón cabalga en la nube, vaga por la inmensidad del cielo, distribuye la luz y la sombra, desata el trueno y el relámpago y preside así los cambios de la naturaleza. El agua que cae del cielo inunda valles y colinas. En consecuencia, la nube posee una virtud sobrenatural. Pero esta virtud no le es propia; le viene del dragón. Y la virtud del dragón ¿de dónde viene? No de la nube, por cierto. Y, sin embargo, sin la nube el dragón no puede ejercitar su virtud sobrenatural. Ella es su punto de apoyo y la única ocasión que tiene para manifestarse. Y esto resulta más extraño si se piensa que el dragón no es nada sin la nube, que a su vez no es nada.

Exhortación a los cocodrilos

Han-Yu, prefecto de Chao-Cheu, envía un funcionario con un borrego y un puerco, para que los lance al fondo del río Wou, a manera de ofrenda a los cocodrilos, y les declara lo que sigue:

Cuando en los tiempos antiguos los soberanos fundaron el Imperio, abrieron pasajes a través de las montañas y por encima de las corrientes de agua. Instalaron redes y trampas para exterminar a las fieras, a los reptiles y a todos los animales nocivos que causaban la desgracia del pueblo. Por este medio los expulsaron del Imperio.

Vino el tiempo en que la virtud de los soberanos comenzó a declinar. No pudieron conservar un territorio tan vasto; numerosas regiones fueron abandonadas a los bárbaros. Esto le sucedió con mayor razón a Chao, situada entre las montañas y el mar, a diez mil leguas de la capital. Los cocodrilos vivieron allí escondiéndose en el agua y cuidando a sus crías. Efectivamente, era el lugar apropiado para ellos.

Ahora, una nueva dinastía se ha establecido. Posee enteramente al patrimonio imperial y lo gobierna pacíficamente. Chao forma parte de este patrimonio. Es una región administrada por prefectos y subprefectos; proporciona al gobierno aranceles e impuestos para subvenir a los sacrificios al cielo y a la tierra, al templo de los antepasados y a los cien genios.

Los cocodrilos no pueden permanecer en este territorio confiado al prefecto. El Hijo del Cielo le ha dado la orden de velar sobre este territorio y de administrar su población. Pero los cocodrilos, con ojos vigilantes, no quieren quedarse quietos en el fondo de su río; fortalecidos en su retiro, se comen a los hombres, a los animales domésticos, a los osos, a los jabalíes, a los ciervos y a los gamos, para engordar sus cuerpos y criar a su progenitura. Entran así en conflicto con el prefecto, luchando por ver cuál será el más fuerte y se impondrá al otro.

Yo, prefecto, por muy débil y sin fuerzas que esté, no puedo consentir en someterme ante los cocodrilos tragándome mi vergüenza, sin atreverme apenas a mirarlos en mi espanto. Portarme así, para conservar por este medio indigno mi existencia, me convertiría en el oprobio de los funcionarios y del pueblo. De cualquier manera, he recibido del Emperador la orden de administrar esta región; en estas circunstancias, me veo obligado a resolver la cuestión con los cocodrilos.

Si los cocodrilos tienen una inteligencia, que escuchen lo que les voy a decir: el gran mar se encuentra al sur de Chao-Cheu. Seres grandes y pequeños, desde la ballena hasta el camarón, pueden vivir allí y encontrar su subsistencia. Si por la mañana los cocodrilos se ponen en marcha, habrán llegado allí por la noche.

Propongo ahora a los cocodrilos un acuerdo: les doy tres días para que lleven su malvada casta al Sur, hacia el mar, a fin de huir del funcionario enviado por el Emperador. Si tres días son insuficientes, esperaré cinco días. Si cinco días son insuficientes, esperaré siete días. Si dentro de siete días no han partido, es que definitivamente no consienten en irse, no reconocen la autoridad del prefecto y no quieren escuchar y seguir sus órdenes. O bien, esto significa que son estúpidos, sin ninguna inteligencia: por más que el prefecto les hable, no pueden escucharlo ni comprenderlo.

Los que desprecian a los funcionarios enviados por el Hijo del Cielo, no obedecen sus órdenes, rehúsan partir para abandonar las tierras que él administra, así como aquellos que son estúpidos, sin ninguna inteligencia y nocivos al pueblo y a los seres vivos, deben ser ejecutados.

En este caso, voy a escoger entre los funcionarios y el pueblo unos arqueros hábiles, y les daré arcos poderosos y flechas envenenadas, para que se hagan cargo del conflicto con los cocodrilos. Os aseguro que no se detendrán antes de haber exterminado hasta el último cocodrilo; entonces será demasiado tarde para quejarse.

Misión de la literatura[10]

Todo resuena, apenas se rompe el equilibrio de las cosas. Los árboles y las yerbas son silenciosas; el viento las agita y resuenan. El agua está callada: el aire la mueve, y resuena; las olas mugen: algo las oprime; la cascada se precipita: le falta suelo; el lago hierve: algo lo calienta. Son mudos los metales y las piedras, pero si algo los golpea, resuenan. Así el hombre. Si habla, es que no puede contenerse; si se emociona, canta; si sufre, se lamenta. Todo lo que sale de su boca en forma de sonido se debe a una ruptura de su equilibrio.

La música nos sirve para desplegar los sentimientos comprimidos en nuestro fuero interno. Escogemos los materiales que más fácilmente resuenan y con ellos fabricamos instrumentos sonoros: metal y piedra, bambú y seda, calabazas y arcilla, piel y madera. El cielo no procede de otro modo. También él escoge aquello que más fácilmente resuena:

---

[10] Título del traductor.

los pájaros en la primavera; el trueno en verano; los insectos en otoño; el viento en invierno. Una tras otra, las cuatro estaciones se persiguen en una cacería que no tiene fin. Y su continuo transcurrir, ¿no es también una prueba de que el equilibrio cósmico se ha roto?

Lo mismo sucede entre los hombres; el más perfecto de los sonidos humanos es la palabra; la literatura, a su vez, es la forma más perfecta de la palabra. Y así, cuando el equilibrio se rompe, el cielo escoge entre los hombres a aquellos que son más sensibles, y los hace resonar.

Liu Tsung Yüan

El ciervo

Un hombre capturó un cervatillo, durante una cacería. Con el propósito de domesticarlo, lo llevó a su casa. En el portón, moviendo la cola y ladrando, salieron a recibirlo sus perros. El cazador, con el cervatillo en brazos, ordenó a los criados que contuviesen a los perros. Al día siguiente fue a la perrera con el corzo, el látigo en la mano, y lo acercó a las bestias para que lo olieran. Y así todos los días hasta que se acostumbraron al recién llegado. Al cabo del tiempo, ignorante de su propia naturaleza, el ciervo jugaba con los perros. Los embestía con dulzura, corría, saltaba entre ellos, dormía sin miedo a su lado. Temerosos del látigo, los perros le devolvían caricia por caricia. A veces, sin embargo, se relamían los hocicos.

Un día el ciervo salió de casa. En el camino vio una jauría. Al punto corrió a unirse a ella, deseoso de jugar. Pronto se vio rodeado por ojos inyectados y dientes largos. Los perros lo mataron y devoraron, dejando sus huesos esparcidos en el polvo. El ciervo murió sin entender lo que pasaba.

Prólogo a ocho poemas

Al sur del río Kouan hay un arroyo que se desliza hacia el este y desemboca en las aguas del Siao. A consecuencia de mi estupidez, incurrí en un castigo, perdí mi rango de funcionario y me vi desterrado en los bordes del Siao. Me gustó el arroyo; a dos o tres leguas de su curso encontré un paraje que me pareció hermoso y decidí quedarme en la región. Instalado cerca del arroyo, pregunté por su nombre; los lugareños no lo sabían con precisión y discutieron entre ellos. Me vi obligado a darle yo mismo un nombre. Lo nombré: *Arroyo Estúpido*.

En las márgenes del *Arroyo Estúpido* compré una pequeña colina, que llamé *Colina Estúpida*. A sesenta pasos al noroeste de la *Colina Estúpida* se halla un manantial. También lo compré y le puse por nombre: *Fuente Estúpida*. La *Fuente Estúpida* tiene seis bocas; las seis dan a un terreno plano al pie del monte. Desde allí el agua desciende hacia el sur formando, sinuoso y pacífico, el *Canal Estúpido*. Más adelante, piedras y tierra cierran el paso al agua, que se inmoviliza en el *Estanque Estúpido*. Al este del *Estanque Estúpido* se halla la *Sala Estúpida*; al sur de la *Sala*, el *Pabellón Estúpido*. En el centro del estanque se alza la *Isla Estúpida*. Hermosos árboles y rocas de forma extraña completan el paisaje. El paraje entero se llama *Estúpido*.

El agua es la alegría del sabio. Entonces, ¿por qué este arroyo ostenta el denigrante nombre de *Estúpido*? Su corriente es caprichosa y sus aguas escasas: no sirve para irrigar los campos. Su fondo es de arena y piedras, su curso rápido: las barcazas no podrían navegarlo. En fin, es solitario y escondido, poco profundo y estrecho. Los dragones del aire y del agua lo olvidan; y no tiene fuerzas para engendrar nubes o hacer caer la lluvia. Es inútil. Y en esto se me parece. Por eso es perfectamente lícito castigarlo con el nombre *Estúpido*.

A pesar de que el arroyo no tiene ninguna utilidad, sus aguas reflejan a todos los seres del mundo. Es puro y claro, límpido y tranquilo. Murmura y resuena como el metal y las piedras sonoras. El hombre estúpido, feliz y en paz, lo ama. Se mira en él y no desea abandonarlo.

En desacuerdo con el mundo que me rodea, consuelo mi pena con la literatura. Contemplo la naturaleza, observo sus humores, me abismo en sus minucias y en sus grandezas, cambio con sus cambios. Quieto en mi escondite, lejos del mundo, canto al *Arroyo Estúpido*, en mis estúpidos cantos. Así, he grabado en las rocas del manantial estos ocho poemas estúpidos.